A LA MÉMOIRE

DE

Victor BURIDANT

CHANOINE HONORAIRE DE TROYES

CURÉ D'AUXON (AUBE)

---

17 OCTOBRE 1868

Oraison funèbre prononcée avant l'absoute par François-Alexis BRANCHE, *missionnaire apostolique, curé de Vosnon* (*).

(*) Le même jour les restes de Madame BURIDANT mère, et d'une religieuse de la Providence, ont été transférés dans le nouveau cimetière.

> Defunctus adhuc loquitur.
> Il parle encore après sa mort.
> (HEB. C. II, V. 4.)

Il y a vingt et un ans, arrivait au milieu de vous un nouveau pasteur. Après avoir exercé avec succès pendant seize ans un ministère laborieux dans la paroisse la plus importante de ce diocèse, il emportait les regrets unanimes de cette paroisse, je dirais presque de la ville de Troyes tout entière. Il avait, en effet, déployé le zèle le plus admirable, alors que la cruelle épidémie, que l'on n'ose nommer, avait fait sa première apparition dans nos contrées, et on s'en souvenait; il avait été le puissant auxiliaire, le soutien, la joie d'un curé (*) qui vivra toujours dans le cœur de ceux qui ont eu le bonheur de le connaître; il avait été au milieu d'un clergé nombreux le confrère estimé et aimé; et il venait seul ici, le cœur brisé de douloureuse séparation. Mais l'âme de ce prêtre était ardente de foi, d'espérance et de charité, et il venait à vous, habitants d'Auxon, pour vous consacrer le reste d'une vie, hélas! trop courte; il venait, confiant dans la mission de son évêque, confiant dans les bonnes dispositions d'une paroisse avantageusement connue pour son attachement à la religion.

Et aujourd'hui, après que vous avez vécu avec lui, après

(*) Paul Sompsois.

qu'il vous a été donné de l'apprécier, après que les liens les plus étroits et les plus saints sont venus attacher le pasteur au troupeau, voilà la mort qui l'enlève à l'amour de ses chers paroissiens, qui prive les prêtres de ce canton d'un père, d'un conseiller prudent et d'un ami dévoué, le clergé de ce diocèse d'un de ses membres les plus honorables.

Mais que viens-je faire ici dans cette chaire qui ne retentira plus de sa parole aimée? Son éloge? sa modestie s'y oppose; et d'ailleurs quel plus bel éloge que ce concours nombreux de confrères et d'amis venus de partout rendre un dernier hommage à sa mémoire vénérée! Son éloge? mais il est dans cette affluence d'une population désolée, il est dans vos larmes, il est dans vos cœurs, il sera toujours sur vos lèvres, car pendant longtemps vous parlerez de lui. Son éloge? il est dans la généreuse décision du conseil municipal et du conseil de fabrique qui s'honorent en voulant éterniser la mémoire de leur regretté pasteur par une concession à perpétuité pour ce qui nous reste de lui!...

Mieux vaut, mes frères, qu'il nous parle lui-même, notre cher défunt, *defunctus adhuc loquitur,* et qu'il nous dise les enseignements que nous devons tirer de la fin si subite qui a terminé une vie pleine de mérites et de bonnes œuvres.

Faire de sa vie une continuelle préparation à la mort, c'est en abrégé toute la morale chrétienne. Vivre en aimant Dieu et ses frères, c'est vivre suivant la doctrine de Jésus-Christ, c'est vivre de manière à mériter le ciel.

La vie terrestre est un prêt, la vie est un passage du temps à l'éternité, la vie est pour nous le moyen d'arriver à la possession de Dieu, voilà ce que nous savons tous. La vie est un prêt, mais à quels termes d'échéances? La mère qui berce avec amour son nouveau-né dans ses bras le sait-elle? L'enfant candide et simple qui se prépare à la première communion le sait-il? Le jeune homme, la jeune fille le savent-ils? Et ne voit-on pas souvent se changer en couronne de deuil une couronne nuptiale? L'homme qui fait ses affaires, celui qui les a faites et qui est tenté de se dire : *Repose-toi mon âme, tu as des biens en abondance* et pour longtemps, n'entendent-ils pas ces paroles du Dieu sauveur : *Insensé! et cette nuit même on va te redemander ton âme!* Enfin le vieillard avec ses cruelles infirmités le sait-il?

Nous l'ignorons tous, mes frères; il l'ignorait lui-même, notre cher mort, alors qu'accomplissant son devoir pastoral il offrait le Saint-Sacrifice pour l'âme d'un défunt enlevé à la fleur de l'âge et subitement; alors qu'il portait ses paroles de consolation à une famille honorable plongée dans le deuil et la désolation. Ils l'ignoraient ses confrères qui l'accompagnaient et tous ceux qui dans cette triste circonstance étaient portés vers Dieu par les chants plus harmonieux que jamais du prêtre priant une dernière fois pour les morts.

Mais ce qu'il faut que nous sachions tous, mes frères, c'est vivre continuellement dans l'accomplissement du devoir comme le savait celui que nous pleurons, votre vénéré pasteur.

Enfants, qu'il instruisait d'une manière si complète et avec tant de soin, redites-nous ses tendresses, sa patience, son exactitude et ces mille moyens que lui suggérait son cœur pour vous faire connaître, aimer et servir le bon Dieu.

Malades, qu'il visitait avec tant d'assiduité et le jour et la nuit, vous pourriez nous dire son empressement et son dévouement ; mais vous ne nous direz jamais ses fatigues et son oubli de lui-même en vous portant secours.

Pauvres de Jésus-Christ, il était votre ami, votre avocat, votre consolateur, votre soutien, et jamais vous n'avez fait en vain appel à son cœur.

Et si j'interrogeais les magistrats et les hommes honorables qui sont à la tête de cette commune, ils me répéteraient qu'il ne savait s'occuper que des devoirs de son ministère. Si j'écoutais ceux qui pratiquent avec tant de distinction l'art difficile, mais si utile de soulager et de guérir les corps, je les entendrais louer le zèle infatigable de celui qui s'appliquait à sauver les âmes ; j'entendrais, en particulier, celui à qui il avait confié le soin de sa santé nous dire qu'il avait abrégé et usé sa vie en s'occupant exclusivement et sans cesse de sa paroisse, en s'imposant le difficile devoir de ne jamais se plaindre de personne, de souffrir en secret les peines inséparables du saint ministère, surtout de la part de ceux qui ne comprennent pas la mission du prêtre.

Pieuses et bonnes religieuses, que de choses, vous surtout, vous pourriez nous révéler sur celui qui vous conduisait dans les voies de la perfection! Et vous qui, comme ces saintes filles, vous employez avec succès et si activement à l'instruction de l'enfance et de la jeunesse, que ne nous apprendriez-vous pas encore de ses visites fréquentes dans vos classes, des moyens qu'il employait pour exciter l'émulation et de l'intérêt qu'il portait à la véritable éducation ; vous aviez, vous le savez et vous en êtes dignes, une large part dans son affection.

Je ne parle pas du zèle qui dévorait le pasteur pour la beauté et la décoration de la maison de Dieu, pour la pompe du culte et des cérémonies saintes qu'il accomplissait avec une dignité qui n'était qu'à lui.

C'est ainsi que s'est sanctifié celui que nous pleurons ; il a accompli son devoir dans toute son étendue ; il a aimé Dieu et les hommes ; il a travaillé pour le ciel en passant sur la terre. Il n'est pas toutefois demeuré pour cela étranger aux saintes et légitimes affections de famille, puisqu'il s'est toujours rendu le père des orphelins dont la Providence l'a chargé, après l'avoir éprouvé par les pertes les plus sensibles. Vous ne me démentirez pas, vous ses parents justement désolés, qui l'avez toujours trouvé si bon et si dévoué pour vous.

Donc pour lui la vie a été une continuelle préparation à la mort : donc cette mort a pu être subite, mais elle n'a pas été imprévue.

Ah! vivons ainsi, mes bien-aimés frères, pratiquons la religion de J.-C. que n'a cessé de vous enseigner votre pasteur par ses leçons et ses exemples. Si vous êtes bons pères, mères tendres, époux irréprochables, enfants soumis, amis sincères et constants, citoyens honnêtes, hommes laborieux, continuez à être ce que vous êtes ; mais soyez surtout et avant tout bons chrétiens, fidèles à Dieu et à sa loi, enfants dociles de l'Eglise. En travaillant sur la terre, travaillez pour le ciel ; en vous occupant de votre corps, pensez à votre âme pour la sanctifier, et ainsi la mort ne nous surprendra pas, et en entrant dans notre éternité, si nous avons été privés des puissants secours de la religion à l'instant suprême, nous rencontrerons la miséricordieuse et infinie bonté de notre Dieu qui nous recueillera, nous trouverons les prières de la sainte Vierge et des saints, les suffrages de l'Eglise qui nous obtiendront paix et pardon.

Et maintenant, cloches bénites (*), cloches harmonieuses, dernier monument du zèle d'un pasteur à jamais regrettable ! à vous de transmettre aux générations futures un nom vénéré, à vous de redire dans votre mystérieux langage ce qu'a été ce pasteur pour son Eglise qu'il a dotée, avant de la quitter, de voix puissantes pour appeler les fidèles à la prière, pour se mêler à leurs joies et à leurs douleurs, pour conjurer et arrêter les fléaux. Hélas ! tant de peines qu'il a prises pour préparer un si beau jour de fête encore présent à notre souvenir ont peut-être abrégé sa vie !

O bon pasteur ! entendez les prières, voyez les larmes de

(*) Par Monseigneur Emmanuel Jules Ravinet, évêque de Troyes, le 6 septembre 1868.

vos enfants, de vos frères dans le sacerdoce, de vos parents et de vos amis; tous promettent de profiter de vos derniers enseignements, comme de vos exemples. Veillez sur tous ceux qui vous sont chers. Votre corps, ici au milieu de nous, va reposer près de vos chers paroissiens, à côté d'une mère chérie, d'une mère vénérée et chrétienne qui vous a élevé dans l'amour de la religion dont vous êtes devenu le ministre, à côté d'un neveu que vous aimiez, d'une sainte religieuse qui s'est dévouée comme vous pour cette paroisse : mais votre âme, nous en avons la confiance, elle a déjà été ou elle va être, à la voix de l'Eglise, conduite dans le Paradis par les anges, accompagnée par les martyrs, car depuis qu'elle a quitté la terre, le saint sacrifice a été bien des fois offert pour son repos par de saints prêtres qui ont penché le calice du salut vers le lieu des expiations.

Fasse le Seigneur que nous ne soyons séparés de vous que pour un temps et que nos âmes se retrouvent toutes, mais toutes, entendez bien, mes frères, toutes dans le sein de Dieu, où nous donne rendez-vous celui qui nous a quittés, pendant que nos corps attendront la bienheureuse résurrection...

Ai

8710— Paris. — Typ. Alcan-Léry, boulevard de Clichy, 62.

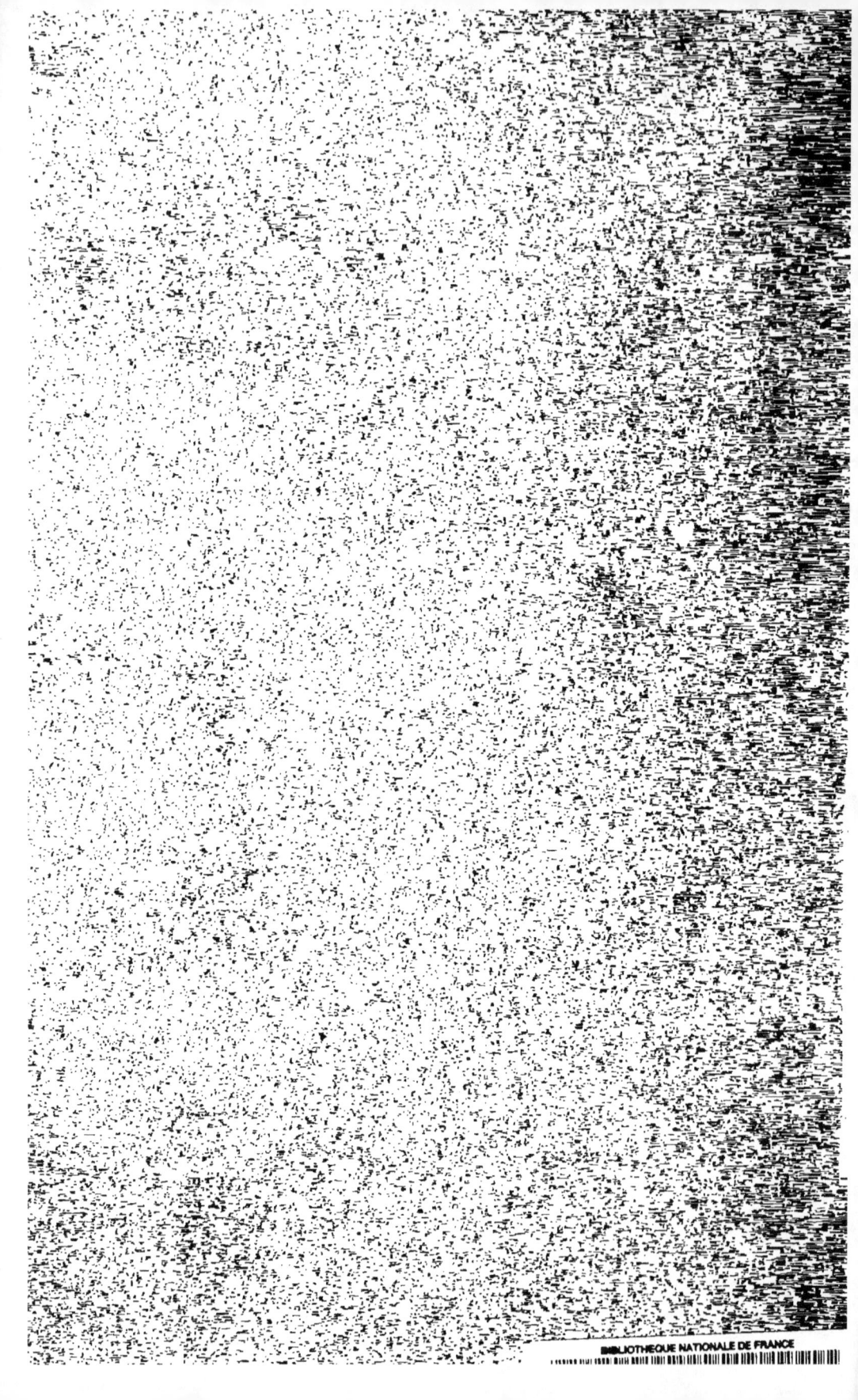

www.ingramcontent.com/pod-product-compliance
Lightning Source LLC
Chambersburg PA
CBHW071418060426
42450CB00009BA/1932